VIE

CIVILE, POLITIQUE ET MILITAIRE

DE

Napoléon

DEPUIS SA NAISSANCE JUSQU'A SA MORT.

Ses Campagnes glorieuses contre toutes les armées d'Europe. — Son départ pour l'île Sainte-Hélène. — Ses dernières paroles. — Détails sur sa mort et son tombeau — Ses Campagnes, mises en chanson, etc., etc.

Prix : 4 sous.

SE VEND A NANCY,

CHEZ RICHARD-DURUPT, IMPRIMEUR,
rue des Maréchaux, n.° 10.

1832

Pour s'endormir au sein de l'immortalité,
Il a franchi le seuil du temple de mémoire;
Ses revers inouis, loin d'affaiblir sa gloire,
Le montreront plus grand à la postérité.

———————

Au tombeau s'il eût pu descendre,
Parmi ses vieux soldats en pleurs,
Sur l'urne qui contient sa cendre
Leurs mains auraient jeté des fleurs.

Imp. de Richard-Durupt, rue des Maréchaux.

VIE

CIVILE, POLITIQUE ET MILITAIRE

DE

NAPOLÉON.

NAPOLÉON BONAPARTE, né à Ajaccio en Corse, le 15 août 1769, quitta sa patrie pour venir prendre une place à l'école de Brienne. Admis en 1783 à l'école militaire de Paris, en 1785 il entra, en qualité de sous-lieutenant, dans le régiment de La Fère, artillerie.

Le 27 août 1793, Toulon ayant été livré aux Anglais, Bonaparte fut nommé chef de bataillon, commandant l'artillerie de siège, qu'il sut si bien diriger, que cette ville fut reprise le 19 décembre de la même année. Le même jour, il fut nommé général de brigade, commandant l'artillerie de l'armée d'Italie.

Le 13 vendémiaire (5 octobre 1795), fut suivi d'un changement dans le gouvernement. La convention fut dissoute, et un directoire établi, faisant les fonctions de pouvoir exécutif; Bonaparte qui s'était signalé dans cette journée, fut nommé général en chef de l'armée d'Italie, dont il alla prendre le commandement au commencement de 1796; il venait d'épouser Madame de Beauharnais.

Arrivé à cette armée découragée et dénuée de tout, devant un ennemi qui avait tout en sa faveur, il fallait des miracles pour obtenir des victoires; il fallait électriser cette armée par une courte harangue. « Camarades, leur » dit-il, vous manquez de tout au milieu de » ces rochers, jetez les yeux sur les riches » contrées qui sont à vos pieds, elles nous » appartiennent: allons en prendre possession.»

Le nœud stratégique de la campagne était la séparation des armées piémontaises et autrichiennes, ce qui eut lieu après les combats de Montenotte, Millesimo, Dégo, Ceva et Mondovi, où les généraux Argentau, Provéra et Beaulieu furent défaits.

Après la prise du pont de Lodi, la bataille qui eut lieu, Bonaparte s'avance vers Mantoue, en battant sans interruption l'ennemi, remporte les batailles d'Arcole et de Rivoli.

Une série de nouveaux succès amène enfin le traité de Campo-Formio, avec l'Autriche, traité qui fut signé le 17 octobre 1797.

Après cette campagne mémorable, Bonaparte revint à Paris, où l'expédition d'Egypte fut décidée; il part de Toulon le 19 mai 1798, avec la flotte, s'empare de Malte le 12 juin, débarque sur les côtes d'Egypte, et emporte d'assaut la ville d'Alexandrie, le 2 juillet suivant; poursuivant sa route il arrive aux fameuses Pyramides, et donne la bataille de ce nom. Avant de la livrer, il dit à ses soldats, en étendant les bras vers les Pyramides: « songez que, du haut de ce monument, qua- » rante siècles vous contemplent. »

Le 23 août, Bonaparte quitte l'Egypte et l'armée, et débarque à Fréjus le 28 septembre. Rendu à Paris, il y consomme la révolution du 18 brumaire.

Etablissement du gouvernement consulaire.

Bonaparte est nommé premier consul, et s'empare, pour ainsi dire, de tous les pouvoirs; il se prépare à reconquérir l'Italie, que la France avait perdue pendant son absence, franchit le Mont-Saint-Bernard, à la tête de son armée de réserve, s'empare du fort de Bart, poursuit ses succès; bientôt Milan tombe en son pouvoir, et le 14 juin 1800 il prit position dans les plaines de Marengo, où le combat s'engage avec les Autrichiens, commandés par Mélas. L'armée française fut d'abord repoussée; la face du combat change, le premier consul parcourt les rangs: « Français, dit-il, c'est avoir » fait trop de pas en arrière, le moment est » arrivé de marcher en avant; souvenez-vous » que mon habitude est de coucher sur le champ » de bataille. » Cette sanglante bataille dura 18 heures; l'ennemi y fit une perte immense. La paix fut signée le 9 février 1801, et un traité avec l'Angleterre fut également signé à Amiens, le 27 mars 1802. Bonaparte institua la légion d'honneur le 19 mai de la même année, elle fut inaugurée le 14 juillet 1804; le 18 mai précédent, il s'était fait proclamer empereur des Français, sous le nom de Napoléon Ier par le sénat et le corps législatif.

On sait les préparatifs immenses que fit l'empereur pour opérer une décente en Angleterre. On en plaisantait. « On a pu rire à » Paris, dit l'empereur, de mon projet d'in- » vasion en Angleterre; mais Pitt n'en riait » pas à Londres, il eut bientôt mesuré toute » l'étendue du danger: aussi me jeta-t-il une » coalition sur le dos, au moment où je levais

» le bras pour le frapper. » Cette coalition était composée de la Russie, de l'Autriche et de la Suède ; cette alliance fut signée le 11 avril 1805.

Napoléon lève aussitôt son camp de Boulogne. Bientôt après une suite de succès non interrompue, l'empereur fit son entrée à Vienne le 13 novembre, et poursuivant le cours de ses glorieux exploits, il dirigea sa marche sur Braun. Les empereurs François et Alexandre s'étaient concentrés sur le village d'Austerlitz. Napoléon saisit d'un coup d'œil leur dessein, et mesura leur fausse position... « Avant demain au soir, » s'écria-t-il, en inspiré, cette armée sera à » moi. » La lutte fut de courte durée, les masses du nord furent enfoncées. Malgré trois coalitions des plus grandes puissances de l'Europe, anéanties par Napoléon, une quatrième ligue se forme dans le nord ; le roi de Prusse est à la tête. Le 14 octobre 1806, une affaire générale s'engagea sur le plateau d'Yéna, et la victoire se rangea encore sous les drapeaux français. La victoire avait fait un pacte avec Napoléon ; il entre dans Postdam, où il s'empare de l'épée du grand Frédéric, qu'il envoye au gouverneur des Invalides, « qui, dit-il, la gardera » comme un témoignage des victoires mémo- » rables de la grande armée, et de la vengeance » qu'elle a tiré des désastres de Rosback. »

Enfin le 27 octobre, l'empereur éternisa son entrée à Berlin, par un trait sublime de clémence. Le prince de Hatzfeld avait conspiré contre les jours de Napoléon ; la preuve de son crime était écrite de sa main : *brûlez cette lettre*, dit le nouveau César à la jeune épouse du prince allemand, *cette pièce anéantie, je ne pourrai plus le condamner.*

Bientôt commença la campagne contre les Russes. Le 8 février 1807, se donna la bataille d'Eylau, où la victoire fut si vaillamment disputée par l'ennemi ; il fallut acheter la paix par de nouveaux combats, qui se terminèrent par la mémorable bataille de Friedland, qui fut livrée et gagnée par Napoléon, le 14 juin 1807, anniversaire de la victoire de Marengo. Le 21 un armistice fut signée à Tilsitt. L'entrevue des deux empereurs eut lieu le 25, sur le Niémen, et la paix fut signée entre la France et la Russie, le 7 juillet, et entre la France et la Prusse, le 9 du même mois.

En 1808, eut lieu la conquête du Portugal, et dans les premiers jours de juin, commencèrent les affaires d'Espagne. Des troubles divisaient la famille royale ; une faction venait de contraindre le roi Charles IV à céder la couronne à son fils Ferdinand VII. Napoléon s'annonce comme médiateur ; une double abdication s'ensuivit ; les deux princes déchus furent envoyés en France comme prisonniers, et Joseph, roi de Naples, fut appelé à régner sur l'Espagne.

Les Espagnols s'insurgèrent. Napoléon arrive à Vittoria le 5 novembre, et dans les premiers jours de décembre, après une suite nombreuse de succès, il entre victorieux à Madrid.

Sur de nouveaux armemens faits par l'Autriche, l'empereur quitte l'Espagne, et arrive à Dillingen, le 16 mars 1809, et après une suite non interrompue de combats, l'armée française entre dans Vienne, le 13 mai. Le

2 juillet, des hostilités sérieuses recommencèrent sur le Danube, et le 6 se donna la bataille de Wagram, où les Autrichiens firent une perte immense.

Un traité de paix avec l'Autriche, fut signé le 14 octobre. Une des clauses du traité de Vienne, fut le mariage de Napoléon, avec l'archiduchesse Marie-Louise, mariage qui eut lieu en 1810. L'empereur avait fait précédemment prononcer son divorce avec l'impératrice Joséphine. De cette union naquit un fils auquel fut conféré le titre pompeux de roi de Rome.

De ce moment la fortune commença à abandonner Napoléon. De nouveaux démêlés avec la Russie, amenèrent une rupture avec cette puissance. L'empereur avait fait des préparatifs immenses, et au mois d'avril, la grande armée, forte de 400,000 hommes d'infanterie, 60,000 chevaux et 1200 pièces d'artillerie, passa l'Oder et se porta sur la Vistule, qu'elle franchit bientôt. L'armée russe était beaucoup plus considérable.

Nous n'entrerons pas dans les détails de cette guerre, où l'armée française se couvrit de gloire. Marchant de succès en succès, elle s'avance dans le cœur de la Russie, et après les batailles de la Moskowa et de Mojaïsk. * elle arriva sans obstacle jusqu'aux portes de Moskow. Napoléon fit son entrée dans cette ville, le 14 septembre ; l'armée s'y établit le même jour, un incendie effroyable se manifesté aussitôt ; il dura dix jours ; 9.000 maisons

---

* L'ennemi abandonna cette place, comme il avait abandonné toutes les villes, tous les villages, depuis Smolensk, après l'avoir brûlée.

devinrent la proie des flammes. Le Kremlin fut épargné.

La Russie après avoir rejeté les propositions de paix faites par Napoléon, commença alors les hostilités. A cette nouvelle, l'empereur quitta Moskow, le 18 octobre, accompagné seulement de Caulaincourt.

Dès le 2 novembre, la famine et le froid firent sentirent leur funeste aiguillon à l'armée française, qui n'offrit bientôt plus que d'immenses débris, une démoralisation et une insubordination complètes. Harcelée de toutes parts, elle fut dirigée sur la Bérésina, où elle effectua son passage sur la fin de novembre, en essuyant le désastre le plus épouvantable.

Quoiqu'il en soit, Napoléon se rendit en toute hâte à Paris, où il arriva le 18 décembre. Un sénatus-consulte ordonna une levée de 200,000 conscrits, et l'empereur se prépara à de nouveaux combats; bientôt la bataille de Lutzen gagnée sur les puissances coalisées le 2 mai 1813, prouva que des conscrits égalaient en valeur les plus vieilles moustaches.

« Ce n'est rien, à cette bataille, disait Na-
» poléon aux conscrits, eu soutenant de son
» cheval, en travers, le troisième rang de
» l'infanterie. Tenez ferme, la patrie vous
» regarde; sachez mourir pour elle.... quand
» on ne craint pas la mort, on la fait rentrer
» dans les rangs ennemis. »

Peu de jours après cette victoire, Napoléon fit son entrée à Dresde, d'où il partit le 18 mai; arriva à Bòtzen le 19, où se livra une seconde bataille; les alliés y perdirent 20,000 hommes. Ce fut à cette journée que Duroc

fut tué. La perte de ce fidèle serviteur mit
le comble à l'affliction de l'empereur. « Duroc,
» lui dit-il, il est une autre vie, c'est que
» vous irez m'attendre, et que nous nous
» reverrons. »

A la fin du mois d'août se donna la bataille
de Dresde, que Napoléon gagna sur les coa-
lisés. Un des premiers boulets français lancés
dans la matinée, blessa mortellement le général Moreau, devenu premier aide-de-camp
de l'autocrate des Russies, et le canon de
Dresde vengea la France, des efforts sacrilèges
d'un enfant ingrat.

Les journées sanglantes de Leipsick, des 18
et 19 octobre, signalèrent les époques désas-
treuses de l'armée française; où tout sembla
se réunir contre elle: défection de ses alliés
et pont sur l'Elster rompu, au moment où une
grande partie de nos troupes devait le passer,
ce qui causa une perte considérable d'hommes,
et d'une grande quantité de munitions et du
matériel de l'armée.

La campagne de 1814 s'ouvrit alors, les
alliés passèrent le Rhin, et s'avancèrent à grandes
journées pour pénétrer en France. L'empereur,
pour s'opposer à ce torrent, partit de Paris
le 25 janvier, se battit à Brienne; la victoire
demeura indécise entre les deux camps, il fut
plus heureux à Champ-Aubert, à Montmirail,
à Vaux-Champs et à Naugis, les 10, 11, 14 et 16
février, où les alliés perdirent beaucoup de
monde, tant en morts, blessés que prisonniers.

Le 17, l'armée française attaqua les alliés
sur les hauteurs de Montereau. Napoléon, avec
30,000 hommes et 60 pièces de canon, s'avan-

ça pour enlever la position. Les soldats murmuraient en voyant l'empereur s'exposer. « Ne » craignez rien, mes amis, s'écria-t-il, le bou- » let qui doit m'atteindre n'est pas encore fon- » du. » Le succès de cette journée et quelques avantages obtenus, furent les derniers de cette campagnes.

Dans le cours du mois de mars, l'armée française n'éprouva que des échecs et des pertes. Napoléon, trahi par quelques-uns de ses généraux, fit de vains efforts pour arrêter les alliés dans leur marche sur Paris; le 29 mars, le quartier-général des souverains s'établit à Bondy.

Le 30 mars, à huit heures du soir, la ville de Paris capitula.

Tout s'était réuni contre l'empereur des Français, pour le déterminer à abdiquer; il abdiqua en effet, et par le traité fait avec les alliés, il est relégué à l'île d'Elbe.

Il était alors à Fontainebleau avec sa vieille garde. Avant son départ pour cette île, il fit ses adieux aux braves qui la composaient, et les termina ainsi : « Adieu, mes enfans, je vou- » drais vous presser tous sur mon cœur, que » j'embrasse au moins votre drapeau. » A ces mots, le général Petit saisit l'aigle des grenadiers, l'empereur reçoit le général dans ses bras, et couvre de baisers cet insigne victorieux.

Arrivé à l'île d'Elbe, suivi de quelques uns de ses généraux, et d'un bataillon de sa garde, Napoléon changea dans l'espace de quelques mois, la face de son petit empire, qu'il rendit florissant, de pauvre et misérble qu'il était.

Les Bourbons qui lui avait succédé au trône

ne comprenant pas leur position, ne firent que des injustices, des sottises, et par conséquent des mécontens. Napoléon instruit de tout ce qui se passait en France, prépara secrètement son retour dans son ancien empire. Après avoir rassemblé sa petite troupe, il lui fait connaître par une brusque harangue, la tentative chevaleresque à laquelle elle est associée ; un cri unanime de *vive l'empereur*, accueille cette communication. On s'embarque, on part.

Sa flotille était composée d'un brick portant 26 canons et 400 grenadiers, et de trois autres bâtimens légers, montés par 200 hommes d'infanterie, 200 chevaux corses et environ 100 chevaux légers polonais.

L'expédition ayant pris terre au golfe Juan le premier mars 1815, le bivouac de Napoléon fut établi dans un champ d'oliviers : « Voilà, dit-il, un heureux présage, puisse-t-il se réaliser !

La marche de l'empereur à travers le royaume de France, ressemblait à une continuelle solennité. Jusqu'à quelques lieues de Grenoble, aucun corps armé ne s'était présenté à Napoléon ; ce fut le jeune colonel La Bédoyère, qui amena le premier régiment avec intention de le combattre. Que vit-il ? Les grenadiers de la vieille garde, suivant, avec la plus parfaite sécurité, les sentiers qui bordaient la route, portant l'arme renversée. Napoléon marchait au milieu d'eux avec la même tranquillité..... A cet aspect, la troupe de La Bédoyère s'est arrêtée indécise... L'empereur s'avance audevant du régiment, « Eh bien ! mes enfans, » dit-il, quel est celui d'entre vous, qui vou- » dra tirer sur son empereur ? » Un cri général de *vive l'empereur* est l'unique réponse qu'il reçoit. et les braves des deux corps se sont confondus.

Jusqu'à Lyon il est suivi par toutes les populations et les militaires qui se trouvent sur sa route. Arrivé dans cette ville, la garnison se réunit à lui, pour ainsi dire, en présence de *Monsieur*, depuis Charles X, qui, délaissé, prit le parti de retourner à Paris. L'armée sous les ordres du maréchal Ney, se joignit encore à Napoléon.

Celui-ci s'approchait de la capitale; l'enthousiasme s'accrut au lieu de se réfroidir. Rendu à Paris le 20 mars, il y fut reçu comme il l'avait été partout.

Le congrès de Vienne, alors par sa déclaration du 30 avril, annonça à l'Europe, que la France ne voulait plus de Napoléon, et que les souverains allaient s'armer de nouveau, pour lui rendre le gouvernement des Bourbons, qui, à l'entrée de l'empereur, avaient quitté la France. Napoléon fit alors ses préparatifs, pour détourner la tempête qui allait fondre sur sa tête.

Une fête fut annoncée sous le nom de *Champ de Mai*; elle eut lieu au Champ-de-Mars. Cette solennité avait pour triple objet, l'ouverture des chambres, la présentation à l'empereur du résultat des votes sur l'acte additionnel, et la remise des Aigles aux gardes nationales et à l'armée.

Placé sur un trône qui dominait les autres constructions faites au Champ-de-Mars, Napoléon fit entendre un discours animé, où l'on remarqua les passages suivans:

« Empereur, consul, soldat, je tiens tout
» du peuple; dans la prospérité, dans l'adver-
» sité, sur le champ de bataille. au conseil, sur
» le trône, dans l'exil, la France a été l'objet
» unique de mes pensées et de mes actions...
» Français, ma volonté est celle du peuple,
» mes droits sont les siens, mon honneur, ma
» gloire, mon bonheur, ne peuvent être autres
» que l'honneur, la gloire et le bonheur de
» la France. »

Napoléon partit le 12 juin de Paris. pour
aller commander l'armée, et arriva à Avesnes
le 13.

Les forces que la France, à cette époque,
réunissait sur différens points, offraient un
effectif de 300,000 hommes, mais il n'y avait
que 150,000 fantassins et 35,000 chevaux, en
état d'entrer en campagne.

La grande armée à la tête de laquelle marchait Napoléon, présentait un total de 100,000
combattans. La cavalerie ne s'élevait pas au-
dessus de 16,000 hommes.

Les ennemis que l'on avait à combattre im—
médiatement étaient les Prussiens et les Anglais,
réunis en Belgique, sous les ordres du lord
Wellington et du maréchal Blucher.

Le 15 juin, l'armée passa la Sambre; le Prus-
sien Ziethen, qui voulut un moment en dé-
fendre le passage, fut repoussé sur Charleroi,
où bientôt les Français entrèrent aux cris de
vive l'empereur! vive la France! Parvenus à
se rallier sur les hauteurs de Fleurus, les
Prussiens furent chargés par notre cavalerie,
et enfoncés.

Le 16, les colonnes françaises débouchèrent

dans les plaines de Fleurus. Blucher, avec 90,000 hommes, occupait les hauteurs de Bry, de Sombref, et les villages de Ligny et de Saint-Amand. Les 100,000 hommes, sous les ordres de Wellington, étaient postés entre Ath, Mi-velle, Jemmapes et Saint-Amand. A trois heures, Napoléon fit attaquer simultanément Ligny, que l'ennemi défendit avec acharnement ; sept fois ce village fut pris et repris. De la possession de ce poste dépendait le succès de la journée. Enfin l'ennemi fut enfoncé, et le champ de bataille nous resta.

La bataille de Ligny fut des plus sanglantes ; elle pouvait être décisive : le maréchal Ney en compromit le résultat. Elle servit du moins à séparer l'armée prussienne d'avec l'armée anglaise. L'ennemi perdit 30,000 hommes dans cette journée, et l'armée française eut à regretter un peu plus de 15,000 hommes, tués ou mis hors de combat.

Le 17, Napoléon disposa son armée en deux colonnes, l'une forte de 65,000 hommes, dont il se réserva le commandement, l'autre de 36,000 combattans, sous les ordres du maréchal de Grouchy. Le 18, tout se prépara pour une grande affaire, qui devait décider du sort de Napoléon. La bataille de Waterloo se donna, et fut perdue par la faute de Grouchy et du maréchal Ney.

« J'aurais gagné la bataille de Waterloo, » sans Grouchy, a dit Napoléon, non pas qu'il » ait agi dans l'intention de me trahir, mais » il y avait chez lui défaut d'énergie. C'est » de la part de quelques membres de son » état-major qu'il y a eu trahison... Ses ma-

» nœuvres inouïes, au lieu de me garantir
» une victoire certaine, ont, avec celles de Ney,
» consommé ma perte. «

Au milieu des hauts faits de cette journée
déplorable, nous ne devons pas passer sous
silence, l'action de Cambronne ; ce général,
à la tête d'une colonne de grenadiers de la
garde, ne cessa de résister aux ennemis Devant
lui et ses braves s'élève une redoute. « Rendez-
» vous, braves Français. » leur crient les soldats
anglais, qui les admirent en les combattant.
» *Non*, répond Cambronne, *la Garde meurt,*
» *et ne se rend pas!* » Aucun de ces braves
ne se rendit ; pas un seul ne resta debout.

Napoléon se rendit le 19 à Philippeville,
d'où il expédia des ordres à ses divers généraux, pour se rallier le plus tôt possible sur
Avesnes, Philippeville et Laon. Ces dispositions faites, il se rendit à Paris ; il voulait
rester à l'armée, mais ses généraux le détour-
nèrent de ce projet. « Eh bien ! puisque vous
» le voulez, dit-il, j'irai à Paris, mais je suis
» persuadé que vous me faites faire une sot-
» tise, ma vraie place est ici. » Et il avait
raison.

Arrivé dans la capitale, Napoléon trouva les
chambres opposées à ses vues ; des commis-
saires furent nommés pour régir à sa place, ce
qui l'obligea d'abdiquer en faveur de son fils.

Le 21, il se retira à Malmaison. Il se pré-
parait à passer aux Etats-Unis, mais Fouché,
duc d'Ottrante, membre de la commission,
avait déjà pris ses précautions pour le rendre
prisonnier des Anglais. Le 29 juin, il monta
en voiture à cinq heures du soir ; sa suite se

composait de MM. Bertrand, Montholon, Gourgaud, Las Cases, etc. Mesdames Bertrand et Montholon voulurent accompagner leurs époux. Rendu à Rochefort, bientôt apparurent les croisières anglaises sur les côtes de La Rochelle. Les frégates *la Saale* et *la Méduse*, qui dexaient le transporter en Amérique, ne purent appareiller, il descendit à l'île d'Aix.

Le 11 juillet, Napoléon envoya demander à l'amiral anglais s'il était autorisé à lui laisser libre le passage : la réponse de cet amiral fut vague et ambiguë. Quoiqu'il en soit, croyant devoir se confier à la générosité anglaise, le 15, au matin, il se rendit à bord du *Bellérophon*, où il fut reçu avec les plus grands honneurs. C'est de ce vaisseau qu'il écrivit au prince régent d'Angleterre, depuis Georges IV, la lettre suivante :

« ALTESSE ROYALE,

« En butte aux factions qui divisent mon
» pays, et à l'inimitié des puissances de l'Eu-
» rope, j'ai terminé ma carrière politique, et
» je viens comme Thémistocle, m'asseoir aux
» foyers du peuple britannique. Je me mets
» sous la protection de ses lois, que je réclame
» de Votre Altesse Royale, comme du plus
» puissant, du plus constant et du plus géné-
» reux de mes ennemis. »

Signé NAPOLÉON.

Le ministère anglais, le plus machiavélique qui soit au monde, à son arrivée à Plymouth, lui fit annoncer qu'il ne lui était pas permis de mettre le pied sur le sol anglais, et bientôt il lui fit savoir que les alliés le considéraient comme prisonnier de guerre, et qu'il serait renfermé à Ste-Hélène. Napoléon protesta contre cette détermination ; mais que pouvait alors sa protestation contre la force et la perfidie !...

On fit alors des dispositions pour son exil, et *le Northumberland* fut destiné pour le transporter à l'île Sainte-Hélène. Napoléon monta à bord de ce vaisseau le 7 août 1815. Lorsqu'il fut arrivé à la hauteur du cap de la Hogue, apercevant les côtes de France : « Adieu, » dit-il, d'un accent profondément ému, adieu, » terre des braves ! Adieu, chère France ! » Quelques traîtres de moins, tu serais encore » la grande nation, la maîtresse de l'univers ! »

Le 18 octobre, l'ex-empereur débarqua dans sa terre d'exil, à Sainte-Hélène. Sa position si différente de ce qu'elle avait été, lui fit articuler ces paroles : « Les malheurs ont aussi » leur héroïsme et leur gloire.... L'adversité » manquait à ma carrière... Si je fusse mort » sur le trône, dans le nuage de ma toute- » puissance, je serais demeuré un problême » pour bien des gens ; aujourd'hui, grâce à » mon malheur, on pourra me juger à nu. »

Napoléon passa les deux premiers mois de sa captivité dans le pavillon d'un honnête insulaire, nommé Balcoïnbe. Ce lieu, où l'ex-empereur fit établir son lit de camp, fut tout à la fois la chambre à coucher, le salon, la salle à manger et le cabinet de travail. Las Cases et son fils occupèrent le grenier. le valet de chambre de service, enveloppé dans son manteau, couchait sur le carreau dans la chambre de Napoléon.

Après deux mois, le prisonnier alla prendre possession de l'habitation de Longwood.

On sait que l'île Sainte-Hélène est très mal-
saine ; le terme de 45 ans est le dernier pé-
riode de la vie de l'insulaire. Que l'on juge
par là de l'influence meurtrière de ce climat
sur les Européens. Deux maladies, que leur
intensité assimile aux maladies contagieuses,
la dyssenterie et l'hépatite, règnent continuel-
lement à Sainte-Hélène. D'après cela, on ne
doit pas être surpris que Napoléon s'écria :
» Tout est gradation dans ce monde : l'île
» d'Elbe, trouvée si mauvaise il y a un an,
» est un lieu de délices comparée à Sainte-
» Hélène. Quand à Sainte-Hélène, elle peut
» défier tous les regrets à venir. »

Malgré les réclamations de Napoléon, le
gouverneur de Sainte-Hélène, d'après les ins-
tructions de son gouvernement le traita toujours de *général* Bonaparte, et toute sa cor-
respondance lui assigne un titre que ce dernier rejetait, comme étant inconvenant à celui
qui, sous le titre d'empereur, avait reçu dans
son antichambre des princes et des rois.

La manière dont Napoléon vivait à Sainte-
Hélène variait très-peu. L'heure de son lever
n'était pas régulière ; généralement il dormait
peu, souvent il se levait à trois ou quatre
heures ; il lisait alors ou il écrivait jusqu'à six
ou sept heures, et lorsque le temps était beau,
il sortait quelquefois à cheval, accompagné
d'un de ses généraux, ou il se recouchait
pour une heure ou deux.

Le séjour de Sainte-Hélène était loin d'être
propice à Napoléon ; il y fut presque toujours
malade.

Sur la fin de 1819, sa maladie commença

à empirer : le docteur Antommarchi qui avait succédé au chirurgien O'Meara pour lui donner ses soins, se rendit auprès de lui ; voici le premier entretien qu'ils eurent ensemble.

Napoléon. Eh bien! docteur, dois-je troubler encore long-temps la digestion des rois ?

Antommarchi. Vous leur survivrez, sire.

Napoléon. Je le crois. Ils ne mettront pas au ban de l'Europe le bruit de nos victoires ; il traversera les siècles, il proclamera les vainqueurs et les vaincus, ceux qui furent généreux, et ceux qui ne le furent pas.

Un matin étant au jardin avec le docteur Antommarchi, il promena ses yeux à droite et à gauche, et lui dit avec une impression pénible :

« Ah! docteur, où est la France ? Où est son riant climat ? Si je pouvais la contempler encore !... si je pouvais respirer au moins un peu d'air qui eût touché cet heureux pays ! quel spécifique que le sol qui nous a vus naître ! Antée réparait ses forces en touchant la terre. Ce prodige se renouvellerait pour moi ; je le sens, je serais revivifié si j'apercevais nos côtes ! j'oubliais que la lâcheté a fait une surprise à la victoire ; on n'appelle pas de ses décisions... »

Le 7 avril il disait au docteur Antommarchi : « Eh bien! ce n'est pas encore cette fois. » Le 11, l'empereur souffrait beaucoup ; les extrémités inférieures étaient atteintes d'un froid glacial, que le docteur Antommarchi chercha à dissiper par des fomentations ; le 18, le docteur insista sur la nécessité de quelques médicamens. « Non docteur, répondit le malade ;

l'Angleterre réclame mon cadavre; il ne faut pas la faire attendre. »

Le 21, il fit appeler l'abbé Vignali, son aumônier, et lui commanda une chapelle ardente.

Le 28, l'empereur chargea le docteur Antommarchi de faire, après sa mort, l'autopsie de son cadavre et de communiquer à son fils les observations qu'il aurait faites.

L'état de Napoléon alla toujours en empirant. Le 2 mai, à deux heures après midi, la fièvre redoubla ; le délire s'y joignit. Il parlait de la France, de son fils, de ses compagnons de gloire. « Steingel, Desaix, Massena! ah! la victoire se décide; allez, courez; pressez la charge; ils sont à nous. » A neuf heures la fièvre diminua; l'empereur avait recouvré la raison.

Le 3 au matin, il sembla aller mieux ; mais vers le midi, le mal reprit son intensité ; alors il adressa solennellement un petit discours à ses exécuteurs testamentaires, MM. Bertrand et Montholon.

Le 4 mai, Napoléon continua d'être très-malade. Une lueur d'espoir cependant fut permise ce jour, mais il fallut y renoncer le 5. Toutefois, jamais on ne vit d'agonie plus calme : aucun signe de douleur ne parut sur le visage du mourant, aucune plainte ne lui échappa. A cinq heures et demie du soir, il prononça assez distinctement ces mots : *tête!.. armée!..* Ce furent les derniers qu'il proféra. Un peu après, Napoléon croise avec effort ses bras sur sa poitrine. Il est six heures moins six minutes: il touche à sa fin ; ses lèvres se couvrent d'une légère écume ; il n'est plus...

Napoléon fut exposé, les 6 et 7 mai, sur le lit de camp qui lui avait servi dans toutes ses campagnes, aux regards de la garnison et des habitans de l'île.

Hudson Lowe consentit à ce qu'on l'inhumât près de la fontaine qu'il avait désignée pour être le lieu de sa sépulture, en cas qu'on ne voulut pas permettre que sa dépouille mortelle fut transportée, soit en France, soit à Ajaccio en Corse.

Le 8, vers midi, il fut placé sur le char funèbre; le manteau de Marengo servait de drap mortuaire. Les musiciens de la garnison, disposés par groupes sur les hauteurs le long de la route que devait parcourir le cortège, faisaient retentir l'air d'une lugubre harmonie. Vingt-quatre grenadiers furent choisis dans les différens corps pour porter le cercueil (*) dans les défilés où le char ne pouvait passer; enfin il fut descendu, au bruit d'une salve de 11 coups de canon, dans une fosse revêtue de maçonnerie; une énorme pierre en scella l'ouverture.

(*) Le corps de Napoléon fut déposé dans un quadruple cercueil le premier de fer-blanc, garni d'une sorte de matelas, d'un oreiller, revêtu de satin blanc; le second d'acajou; le troisième de plomb; le quatrième d'acajou encore, fermé par des vis en fer. Dans le premier de ces quatre cercueils, on avait mis le cœur et l'estomac du défunt. Chacun de ses organes avait été préalablement déposé et scellé dans une coupe d'argent. On mit encore à côte de Napoléon des Aigles, des pièces de toute valeur frappées à son effigie, son couvert, son couteau, une assiète avec ses armes.

Ce Polonais, que tout Français regrette,
Il se noya dans le fleuve de Leipsick.
    Notre empereur quitta l'Ester et l'Elbe;
Par ses sujets il fut bientôt trahi;
De Fontain'bleau on l'envoie à l'île d'Elbe,
Six mois après il revint à Paris,
Et contre lui s'élevèr'nt les puissances,
De la Discorde on vit tous les agens;
Notre héros voulut faire résistance.
Il fut trahi à l'affreux mont Saint-Jean!
    Bientôt on vit sur le bord de la Seine,
Des ennemis flotter les étendards;
On déporta à l'île Sainte-Hélène
Ce grand guerrier, rival de César,
Il n'eut pour tout que deux amis sincères
Fut Montholon et le comte Bertrand,
L'ayant suivi jusqu'aux lieux solitaires;
Ils furent témoins de ses derniers momens.
    Notre héros, en quittant sa patrie,
Dit en pleurant: « Adieu, braves guerriers;
» Adieu, mon fils, mon épouse chérie,
» Adieu la France, adieu tous mes lauriers;
» Adieu soldats, vrais soutiens de la gloire:
» Tout présageait un si bel avenir!
» Nous nous verrons au temple de mémoire;
» De nos hauts faits gardons le souvenir.. »
    Au sein des mers, sur un rocher sauvage,
Il habite ce funeste séjour:
Après six ans d'un pénible esclavage,
La faulx du Temps vint terminer ses jours.
Notre monarque, à son heure dernière,
En expirant dans cet exil affreux,
Versa des pleurs, et ferma la paupière,
En embrassant ses amis généreux.
    Peuple français, admirons la clémence
De ce bon roi, Philippe d'Orléans,
A notre égard, il demande aux puissances
D'avoir le corps de ce fier conquérant,
Celui que l'on vit jadis dans les plaines
Des Pyramides, aussi de Waterloo;
Celui qui dort à l'île Sainte-Hélène:
Gloire immortelle à son petit chapeau!

LES CAMPAGNES DE NAPOLÉON.

Air : *des Grands Hommes.*

Je vais chanter le héros de la France,
Je vais chanter ce fameux conquérant,
Je vais chanter ce héros , sa vaillance,
Il s'illustra par ses nobles talens.
Il sut guider nos braves en Sybérie,
Vingt ans de gloire couronnèrent sa valeur.
Pour illustrer notre belle patrie ,
Son souvenir est gravé dans nos cœurs.   (*ter.*)

Il commença ses courses en Italie,
On vit briller son courage à Milan,
Dans le Piémont , ainsi qu'en Romanie ,
Mars lui donna le nom de conquérant.
Ce preux guerrier fit éclater sa gloire
Dans le passage du mont Saint-Bernard ;
Tous ces hauts faits sont gravés dans l'Histoire,
Partout il sut rivaliser César.

Au pont d'Arcole , à Eylau , à Wagram ,
Il partagea la gloire de nos héros ;
A Austerlitz on vit briller ses armes,
Il commanda le feu de Marengo ,
Ayant vaincu la Prusse et l'Allemagne,
Il parcourut la Bohême et la Hongrie,
Bientôt l'honneur l'appela pour l'Espagne,
Quitta Berlin pour aller à Madrid.

Il commença cette belle campagne ;
Sur l'Espagnol il gagna du pays,
Il arriva à Cadix, en Espagne,
A Vittoria , Sarragosse et Madrid.
Mille succès couronnèrent sa vaillance.
L'ambition le changea tout-à-coup ;
Il résolut de revenir en France ,
Se reposer, pour aller à Moscou.

Nos preux guerriers arrivent en Russie ,
Déjà l'hiver prépare son courroux ,
L'excès du froid, des neiges la furie,
Les obligea de quitter ce Moscou ;
Sur la Pologne on battit en retraite.
Fut où l'on vit ce fier Poniatowski